Desde el taller, al encuentro
PAISAJES y ESPEJOS
Mariano Jurado Arcos

© **Texto:** Mariano Jurado Arcos
© **Portada, diseño y maquetación:** Pilixip
© **Ilustraciones interiores:** Ángela Jurado Arcos

© **Edición:**   Editorial La Rosella
　　　　　　　Av. Diputaciò, 83
　　　　　　　46610 GUADASSUAR (Valencia)

ISBN: 978-84-942697-8-3
Impreso en España por: Byprint Percom, S.L.
Depósito Legal: V-0619-2015
Primera edición: marzo 2015

Queda prohibida, salvo excepción prevista en la ley, cualquier forma de reproducción, distribución, comunicación pública y transformación de esta obra sin contar con la autorización de los titulares de la propiedad intelectual. La infracción de los derechos mencionados puede ser constitutiva de un delito contra la propiedad intelectual (arts. 270 y ss. del Código Penal).

www.editoriallarosella.com

Palabra humana…
herramienta de justicia,
de respeto, de paz.

De virtud,
verdad y magia.
Susurro de amor…
arte escrito.

Consuelo y gracia.

Mariano Jurado, verano de 2014

Agradecimientos

A mis padres:
lectores desde el cielo.
Que me dieron, su trabajo,
libertad, educación y vida…
para ser lo que soy,
todo lo que tengo.

A mis hijos, alma y sangre.
A mis nietas,
bondad, inspiración,
sosiego y meta…

A Pilar, amoroso apoyo
del día a día.
Brisa, cálida, libre,
a mi fantasía.

A mis hermanas y familia.
Coautoras, de historia y vida,
feliz, compartida.
Gracias por tus dibujos Ángela.

A Pilar Pérez,
"mi motor literario
en La Florida".

A Gemma y Salva,
por la paz del "Secanet",
por su amistad
que a escribir anima.

A Trini y Enric,
el apoyo callado
de mi otra gran familia.

A Pili Rodríguez… más que amiga.
Que da forma, realza "la cosa".
Técnica, creadora, generosa.

A Fernando Garrido, a Joan, a Alfred, a Lola,
a Manolo Perales, a Trinidad Casas… a todos.
De lejos o cerca, ánimo, consejos
y cariño no me falta,
por esta y otras causas: ¡GRACIAS!

Índice

Prólogo 11
Hacia dentro 15
   Hacia dentro 16
   Llueve..17
   ¿Oro? 18
   Felicidad 19
   Dentro...20
   Escribir 21
   Hablando...22
   Saber..23
   Geografía (no tan física)......................24
   Escáner 3D 25
   Viernes, 5 de agosto... 26
   Nada me es ajeno.................................27
   Concertinas 28
   Toni, nuestro amigo 29
Estampas vivas... gritos 31
   Movimiento inmóvil............................32
   Nuestro tío 33
   Vida en negro 34
   El día más largo 35
   Blusas 37
   La noche más corta 38
   La colada 39
   Arar la tierra...40
   La siesta 41
   Aceite...42
   Campos de algodón 43
   Santo silencio.......................................44
Lumbre, alumbre... alumbrar 45
   Escribiendo..46
   Entre hierros y palabras......................47
   Raíces 48
   Entre mares...50
   Niñez...51
   Portal de casa 52
   Alacena 53
   Postal...54
   Mi patio..55

Mar y tierra. Miradas… 57
   Naturaleza 58
   Retama 59
   Lluvia 60
   Arroyo 61
   Niebla..62
   Viento 63
   Atardecer de agosto 64
   Noche..65
   Alba 66
   El puente 67
   La mar...68
   Horizonte 69
Espejos. Turbios, rotos, negros 71
   ¿Pequeño o grande?.............................72
   Dudas..73
   Pasado 74
   Pereza 75
   Odio 76
   Insomnio 77
   Presente sólo 78
Sonoros proyectos… 79
   Nombres...80
   Sombras..81
   ..."mi bichillo"... 82
   Palabras, encuentros............................83
   A la luz, alumbradas............................84
   Dos almas..85
   Pau y acierto... 86
   Los ojos de Martina 87
En la ventana 89
   En la ventana.......................................90
   Poesía..91
   "Delante del espejo" pensamientos.....92
   "Cascaflote" 94
   Juego 95

Prólogo

> *Palabras de homenaje,*
> *a la admirable gente del campo…*
> *Trabajadores duros. Buenos.*
> *(Del poema "Escribiendo")*

Si hubiera que resumir el poemario *Paisajes y espejos* podrían bastar estos pocos versos.

En los poemas "Escribiendo", "Entre hierros y palabras" y "Escribir" el autor define su poética, una poética de verso corto y desnudo, sin concesiones a adjetivos que hermoseen falsamente la dura realidad de los humildes, sin palabras amables que disfracen las injustas secuelas de la guerra, de la desigualdad; sin figuras retóricas ni símbolos, sin apenas comparaciones o metáforas. Y, sin otro objetivo que el de honrar a su gente y a su pueblo, de rendirles un sincero homenaje desde la libertad del verso libre y sin ataduras, este "hijo de jornaleros" —orgulloso de su origen— va reescribiendo lo escrito, profundizando en los conceptos con su particular mecánica creadora, hasta alumbrar las emociones de un puñado de "tornillos sueltos"; unos versos que, según él mismo dice, se fraguan en la lectura, los sueños, los recuerdos… en definitiva, en lo que ha ido conformando su vida.

Una poesía de pocos colores, pero absolutos: el negro y el blanco para expresar las dudas. Negro para el luto (sobre el alma blanca), para el miedo, para el silencio, para el llanto, para el agua estancada del pozo. El blanco para la luna, la honradez, para el alma en luto, para el papel en blanco, para las tapias del camposanto que albergan amapolas rojo sangre. Para el atardecer, anaranjados y malvas.

Imprescindible la huella imperecedera del pasado cotidiano, conformador del presente. Evocación o sueño de juegos felices en el campo, de baños en el río, de meriendas sencillas. Memoria de los rincones entrañables de la niñez: el portal, la alacena, el patio. Poderosas sensaciones que perduran en el niño hecho hombre: la tierra, el agua, el viento, el amanecer, el atardecer, la noche; el abrigo de la calidez de las manos amorosas, el ejemplo callado del padre siempre en el tajo…

Como posible consecuencia de sus lecturas, cierto poso horaciano cuando invita a "disfrutar de la vida/del fugaz tiempo" desde la sencillez de las cosas pequeñas; cuando acusa la fugacidad del tiempo "ya es pasado/lo que escribo"; o cuando se demora en los detalles de una naturaleza arcádica, que lamenta profanada por alguna oscura humanidad.

Quizás también, ciertos tintes machadianos en el retrato que preside la casa; al subrayar que el único tiempo que cuenta es el vivido la "vida vivida" y sobre todo, en los espejos, ya desde el título mismo. Superficies que no siempre reflejan, metáfora de sentimientos rotos, de profundas aguas negras; el espejo inclinado del portal que ofrece una imagen turbia, elevada; espejo como lugar donde mirarse de frente, hacia adentro, de dentro a fuera para entender las dudas, para entenderse y poder expresar pensamientos y expresarse, con la palabra "Juegos de espejos,/reflejos, contrastes…/estado de ánimo, destellos".

Aunque, sin duda, el eje vertebrador de la obra es el hombre. El hombre derrotado, sometido, dominado, empobrecido, callado, esforzado; el hombre pegado por su blusa al sudor de la miseria. Pero también el hombre superior, luchador, idealista, honrado, ejemplar, ético, universal. El hombre nuevo, el hombre bueno en comunión con el hombre como la única forma de reivindicarse, como el único camino verdadero para la vida "El reto:/vivir la vida dignamente./Todos".

Y junto al hombre, la mujer. Mujer amor, compañera y apoyo; mujer siempre madre en un eterno parto de vida, mujer esfuerzo y cariño y sosiego.

El mar, que actúa de puente entre aquel verde de olivos y aceite del pasado, y su proyección azul mediterránea del presente. Un mar que posiblemente determina un aspecto nuevo en la mirada del autor; una mirada de ternura y esperanza en los ojos de sus nietas, en su proyecto de futuro.

Esta es la obra de un poeta sencillo que va desgranando versos muy personales, versos de tierra y agua. Unos nacidos de las vivencias y madurados en el recuerdo; otros, gritos callados de rebeldía, y en todos, el afán de llegar a la raíz para no traicionar lo sincero, lo auténtico.

Parafraseando al autor, quizás no sea un hombre de letras, pero en *Paisajes y espejos* ha sabido hilvanar con precisión y belleza las palabras para tocar las emociones que, a fin de cuentas, es la misión del poeta. Un poeta "Al filo entre ayer y mañana./Vivo".

Pilar Pérez Pacheco

Hacia dentro

Olores de recuerdos…
olores de niño, alegres, eternos.

Hacia dentro

Calma, tranquilidad.
Abstraerse.
Cerrar los ojos.
Abrir la mente.

Oír silencios, oír el agua,
trinos y vientos, lentamente.
Delante del espejo,
mirarse de frente

Oler el aire. Respirar hondo
flores silvestres.
Olores de recuerdos…
olores de niño, eternos, alegres.

Soñar. Soñar despierto.
Pensar. Entrar hasta dentro
y salir fuera…
vivo, nuevo, abierto.

Llueve…

Bajo la lluvia camino.
La fría agua sobre el rostro,
escalofríos siento.

Ando sin rumbo.
Disfruto, chapoteo.
Siento la vida, pienso.

Mis pies rompen las nubes…
el cielo invertido,
veo en cada charco.

Estoy mojado…
voy ligero,
vuelo.

¿Oro?

"El tiempo es oro"…
¡quimera! ¡falso!

Oro, metal inerte.
Valor humano.
Símbolo de poder.
Necio. Irreverente.

Tiempo es vida…
valor vivo, caliente.
Latir de sentidos,
ojos abiertos, abierta mente.

Tiempo de sentimientos.
Segundos de alba,
cadencia de olas, jadeos
compartidos… intensamente.

Oler una rosa,
la lluvia, el viento…
la risa de un niño.
Una caricia… tu aliento.

Vivir el tiempo.

Felicidad

Disfrutar la vida,
del fugaz tiempo.
Vivir a sorbos profundos…
cada momento.

Disfrutar de las cosas sencillas.
De la brisa, de una flor…
de una caricia, de un beso.
Del pan recién hecho.

Compartir una sonrisa,
o acompañar el silencio…
al son de olas, manos unidas,
dos bajo el cielo.

Escuchar,
dar lo mejor de dentro.
Sin ninguna pretensión,
sin egoísmo, sólo respeto.

Utopía, altruismo… ¿locura?
¡No!
Ilusión, meta… cordura.
Reto.

Dentro

Asomado al brocal,
dentro del pozo
espejo negro,
reflejo frío de acero.
Desasosiego.

Sobre tu hombro:
pienso, siento…
escalofríos hondos.
Ondas concéntricas
al caer un beso.

Adentro. En la nube,
reflejos temblorosos.
¡Espejos al viento!

Aguas profundas,
sentimientos.

Escribir

Pensar con lápiz…
los rayados sentimientos.

Comunicar con letras.
Tachar, empezar de nuevo.

Sobre blanco… negras penas,
o recrear felices momentos.

Reescribir lo escrito…
ajustado, bello.
Sincero.

Hablando

En clase de Alfred Domínguez...
Bondad y palabra

Persona y palabra,
unidos, juntos.
Don y virtud.

Diálogo, palabra y personas.
Encuentro, saber y ciencia.
Justicia, pacto.

Generosidad. Verdad.
La magia del respeto activo.
Personas buenas.

Distintas, iguales…
"nos-altres".
Hablando.

Saber

La cultura y el saber,
son mero instrumento.
Del conocimiento propio,
al servicio impropio.

Pensar, trabajo y esfuerzo.
Respeto, diálogo de tú a tú…
darse, compartir risas y sueños.
Juntos, libres, responsables honestos.

El reto:
vivir la vida dignamente.
Todos.
Único camino, acierto.

Geografía (no tan física)

Eje central,
simetría, dos partes…
entre profundas aguas,
revueltas o calmadas.
Enigmáticas. Humanas.

Al norte… el Norte:
razón y alma. Brújula. Guía…
ecos, palabras.
Nada sin control.
Emoción y calma.

Más al sur:
bellas alturas.
Sensibles, redondas.
Minas blancas.
Que afirman vida,
amamantan.

Suaves llanuras,
palpadas, digitalizadas…
sensibles, respiradas.
Tierras fértiles
de acogida. Cálidas.

Bajando, la tierra se abre,
como en dos italias.
Garganta profunda, valle.
Oasis de miel y dátiles…
encuentros. La vida nace.

No todo es física,
en la geografía humana.
Libertad, sentimientos,
ternura, amor…
momentos de convivencia.
Alma.

Escáner 3D

Piel suave, cálida.
Relieve sensual… deseado.
Punto a punto, palpado.
Digitalizado.

Gigas de amor enamorado…
pasión paso a paso, a tu lado.
Dentro de mí,
emociones y chispazos.

Memoria íntima.
Vida vivida.

Todo guardado.

Viernes, 5 de agosto...

Terremoto de Ambato (Ecuador)

Feliz con quince años,
después de cincuenta
bregando.

Vivo, intensamente,
no paro.

Por un mundo mejor,
una vida de trabajo.

Muchos sueños...
pocos años
para tanta lucha.

Sueño sin descanso.

Nada me es ajeno…

Nada me es ajeno,
ni lo malo
ni lo bueno.

Tristeza honda siento
de tanto niño hambriento.
De injusticias, de guerras…
de egoísmos sin freno.

Norte y Sur, todos
personas dignas.
Sin barreras. Iguales.
bajo un mismo cielo.

Derechos humanos,
por encima de color,
religión, poder o sexo.

Concertinas

Vergüenza humana.
Despropósito. Desconcierto.

Música de carne desgarrada,
fúnebre, chirriante
bajo el cielo.
Hiel amarga… desasosiego.

¿Libertad al otro lado?
¿Con muros de sangre?
¿Fraternidad?… ¡con sueños de pateras!
¿Justicia o quimera?

Sí, justicia.
Humana, amable,
posible, verdadera…

Derribando muros interiores,
fanatismos y egoísmos…
todos personas.

¡Justicia sin fronteras!

Toni, nuestro amigo

Aldaia, 11/11/2011
Siempre en nuestra memoria

No derrochó las palabras,
solo las justas, pensadas, exactas,
a veces crudas pero sinceras,
siempre pasadas por el fino tamiz de la ética,
una ética exigente: en primera persona.

Libre, norte, faro, guía, amante de la justicia,
amante de la vida, de sus amigos, de la utopía…
de un mundo de personas… de alegría.

Afortunados los que vivimos a su lado,
esos momentos de vida.

Estampas vivas… gritos

…juntos los trabajos, todos,
no llegan a un mísero salario…

Al costado, el hatillo.

Movimiento inmóvil…

…una tormenta azul
pintó su infamia en tu espalda…
"Campo de más allá" Trinidad Casas

El cielo republicano
se llena, como una plaga…
de camisas azules,
negras y pardas.

Sangre y muerte amenazan.
Fuego sobre camisas blancas
de jornaleros, sudadas.

Escarnio en la plaza.
Guerra entre hermanos.
Golpe a la república,
a la democracia.

Dictado divino,
tiro de gracia.
Paseos a cunetas…
odios y venganzas.

Movimiento inmóvil… retroceso.
Ilegal, injusto… odioso.
¡Patrañas!

Cuarenta años de represión…
de hambre, de ignorancia.
Cielo gris, dos Españas.

Nuestro tío

Presidía la casa,
también mis sueños.
Juan José. El tío ejemplar.
Recuerdos de niño. Misterio.

Retrato en blanco y negro.
Coherente, honrado… con 18 años.
Blanco.

Castigos fascistas
a su juventud.
Penas, cárcel, torturas…
sangre y miedo.
Negro.

Defensor del jornalero,
de la justicia,
del orden,
de la igualdad…
con cristiano respeto.
Comunista, republicano.
Hombre entero.

Flor roja segada joven.
Madura.
Semillas suyas florecen,
¡qué importa dónde!

Mataron a Juan José,
pero nació el HOMBRE BUENO.

Vida en negro

"T'he conegut sempre igual…"
Raimon

Negra camisa.
Refajo negro.
Pañuelo ajustado
al cuello. Negro.

Luto perpetuo, recogimiento.
Honra al padre,
al hijo, al abuelo…
pena honda. Silencio.

¿Castigo divino?
¿Costumbres? ¿Cultura?
¿Religión? ¿promesas…?
¿expresión de sentimientos?

Ojos de mujer
mirando al suelo.
Perlas negras
en las mejillas,
bajo el pañuelo.

Alma blanca, en luto,
sin espejo.
Mujer callada, resignada,
rezando a muertos…

¡Perfecto!

El día más largo

San Juan 2014

Para vivirlo,
recordando al padre.
Sencillez de ser, de darse.

Sin adornos:
trabajo, sudor, sangre… y silencios.
Pequeño. Muy grande.

Tiempos de lucha,
de altivos sufrimientos.
Muy joven, ya con cercanos ejemplos.

Espejos planos, rotos. Amargura.
Forja de hierro en frío.
Sin grietas. Duro su esfuerzo.

Fuerte. Aguantan, cuerpo y mente.
Dolor callado. Sin resentimiento.
Sus hijos crecen.

Pan, desvelos y cariño. Sin más cuentos.
Nos da educación, saber… y ejemplo.
Lo mejor de su vida, con arrestos.

Al final libertades…
las luchadas, las ansiadas.
Y nietas, y nietos. Felices, nuevos.

Sonrisa pícara. Feliz, satisfecho.
Su "obrera", afable cómplice.
Resignada madre, coautora del éxito.

Desde la felicidad del hombre bueno,
ramitos de albahaca, para ella.
Y un patio de geranios, jazmines… y helechos.

Así los imagino ahora,
juntitos, mirándonos, felices…
dándonos su aliento.
Siempre su callado ejemplo.

Blusas

No es la apariencia, es la esencia.
No es el dinero, es la educación.
No es la ropa, es la clase.
Cocó Chanel

Sobre torso quemado,
crudo lienzo.

Manchadas de sangre,
de lluvia y barro.
Rodales de sal,
los costados blancos.

Sangre de pensamientos
a tiras arrancados.
Barro y sal.
Sudor y tierra…
sufridos, trabajados.

Blusas de jornalero
sobre cuerpos bellos.
Tapan sol y salitre, lluvia y barro.
Las heridas, el hondo dolor.
El silencio resignado.

La noche más corta

Largas horas al sol.
Duro trabajo necesario.
Juntos los trabajos, todos,
no llegan a un mísero salario.

Día largo, del "señorito… migajas".
Corta noche: hijos, marido y casa,
día y noche… milagros.
Sale, del cuerpo cansado, la ternura de madre.

Vidas y futuro amamanta.
Aligera odios, (después de la guerra).
Entre "malos y buenos".
Reflexión serena, ríe, canta.

Día a día,
su vida en nosotros gasta.
Pesada carga…
con amor y embeleso, aligerada.

Alumbrar cuatro hijos.
Dar luz y vida…
hasta el último suspiro.
Cada día, cada noche, de madrugada…

Sigue haciéndolo,
ahora junto al "nene".
Contenta…
Feliz descansa.

La colada

Recuerdos de "Bahondillo"

Camino del arroyo,
aún es la noche estrellada.
Al costado, el hatillo:
sábanas blancas y camisas sudadas.

El alba suaviza azules,
los aclara.
Pasado el río padre,
el arroyo, despierto espera. Canta.

Los niños, a correr juegan,
en suaves praderas
de flores alfombradas.
Sol, brisa, vidas despreocupadas.

Ellas lavan a pulpejo, sobre pizarras.
Con agua clara… y
jabón a tacos, hecho en casa.
Juntas cantan. Y hablan, y ríen… esta mañana.

El sol blanquea,
en los romeros en flor,
las sábanas blancas.
Los pajarillos, asustados callan.

A la sombra, antes de volver,
mi madre descansa.

Arar la tierra…

La reja, la tierra abre.
Del surco sale metralla. Podrida.
Vieja, de guerras pasadas.
Que aún laten.

Sentimientos a la luz.
Removidos, haza arada…
tierra en barbecho.
Desgarrada.

Pensamientos nuevos,
preñados de sol,
de viento y agua…
nacerán en primavera.

Pan y paz…
niño yuntero.

La siesta

El sol cae a plomo.
Los *almajos* ruedan,
por el solano empujados. Solos.

La chicharra, cansina,
desde el olivo
hace su pregón. Avisa.

La rana entre cañas y ovas,
en la alberca canta,
al oír pasos, no opina. Calla.

El jornalero, azada al hombro,
calado el sombrero de paja…
blusa de salitre. Anda, quemado.

Busca la sombra,
las gruesas paredes de tierra.
Refugio blanqueado. Su casa.

El suelo, guijas de canto,
dibujados entre ladrillos de barro.
Al fondo: el botijo fresco, sudado… su sed calma.

El agua del pozo refresca,
el salitre disuelve, lo quita.
Camastro en tierra. Sueño soñado. Pausa.

Alivio, descanso… todo cerrado.
Espera que afloje el sol.
Que gire el viento, que el fuego apague…
sueña otra vida. Sin siestas.

Aceite

Oro verde…

Trabajo duro,
sudor de personas
estrujadas, en frío y en caliente.
Siempre.

Oro verde…

Fruto, de tierra preñada de sol y agua…
de olivos retorcidos, verdes.
Vida y mimo del jornalero.
Parto líquido, de doce meses.

Juntos, tierra y trabajo,
se sueñan dueños
de aceitunas, de sol, de hielos…
¡sueño inocente!

Dueños del dolor sordo,
de penurias… no del aceite.

Solo aceituneros, altivos…
¡Mineros!…
del oro verde.

Campos de algodón

...frente al cementerio.
(frente al "Campo Santo")

Campos blancos,
duras tierras sudadas.
De explotadores…
de personas explotadas.

Campos santos,
de personas humilladas.

¡A destajo santificadas!

Santo silencio

Tapias blancas,
de recuerdos y silencio,
enjalbegadas.

Los cipreses, mecidos al viento,
niegan y callan.

Rojas amapolas, gritos bajo la tierra…
que horror y sufrimiento,
apagan.

Humildes jornaleros,
dentro descansan.

Santos.
En la tierra,
su silencio habla.

Lumbre, alumbre… alumbrar

Escribir…
no es oficio,
para hijos de jornaleros…

Escribiendo

*A Pilar Pérez Pacheco, mi profesora en
La Florida por despertar y animar
el gusto de "escribir sentimientos".*

—¿"Escribir"…?
—*Ese no es oficio
para hijo de jornaleros.*

¡Quién lo diría!
Cuántas mujeres y hombres cultos,
hijos de hortelanos, de obreros.

Delante de un papel,
escriben sentimientos.
Forjan futuro. Dan vida…
honran a su gente y a su pueblo.

Han pasado muchos años,
vida, lecturas y sueños.
Ahora, recuerdo, escribo y agradezco.

Poemas, verso libre.
Mecánica y esfuerzo,
pensamientos sinceros.

Sin más pretensiones. Satisfecho.
Palabras de homenaje,
a la admirable gente del campo…
trabajadores duros. Buenos.

Entre hierros y palabras

No soy de letras,
soy de palabras.

Nunca atornillé verbos.
Sueldo palabras… a sentimientos.

Dibujo líneas, acotadas,
me sobrepasa medir los versos.

Los ángulos: miradas y reflejos…
la escritura: perspectiva cónica.

Ataco de forma sencilla
el papel blanco. Ya lo dije…

"Mecanizo el poema",
golpeo, afilo, suavizo aristas…

Sencillez, disfrute,
ganas de decir.
Forja de acero nuevo.

Ahora, sin complejos,
con atrevimiento,
sale del mecánico:

La ternura escrita.
Algo que tenía dentro.

Un tornillo suelto.

Raíces

No hay veneno más dulce para mi alma,
que saber que todo lo hice
pensando en bien de las personas.

Nunca hice
apología de mi origen.

Tampoco reniego
de mis raíces.
De haber nacido en el Sur.
Entre olivos.
Hijo soy de jornaleros,
humildes, honrados,
cariñosos, honestos.

Me he limitado
a reclamar la dignidad
que merecemos.
Desde aquí, junto al mar.
Para las personas buenas,
para todos los pueblos.

Nada más que demostrar,
todo dicho,
convencido de lo hecho.
No me faltó ayuda.
Apoyo en el empeño.
Nada de qué avergonzarme,
ni aquí ni allí. De errores o aciertos.

Los humillados ya alcanzaron
el reino de los buenos…

"tot està per fer i tot és posible…"

Entre mares

Mar de olivos,
mi mar del sur,
de tierra adentro.

Olas de trigales verdes
mecidos por el viento.

Juegos de niños,
en mar de cebada.
Chapoteos, baños prohibidos,
arriesgados. Pies ligeros.

Juventud de río.
Mar de dos orillas,
dulce mar de pueblo,
de canal, de alberca…
sencillo, ingenuo.

¿Otro mar?… no descubierto.
Teórico. De libros.
De películas… de sueños.
Oído en caracolas: años inocentes, tiernos.

Otra mar, salada… existe.
Lejana, de rizos azules,
de horizonte junto al cielo.

Despertares a otras vidas.
A otros mares. Aún lejos.

Niñez

"y papas fritas, largas…"

Tiempo evocado. Contundente.
Recuerdo fijo… ¡elemental ya lo sé!
De olores, imágenes, sabores…
familia y gentes.

Paseos por el campo.
Olor a mi tierra, mojada,
a campos en flor… de habas.
Cantos de pajarillos, croar de ranas.

Goce de los sentidos,
con aceite y azúcar
en pan crujiente.

Retamas y arrayanes.
Sembrados de cebada,
verde mar, olas verdes…
Rodales rojos,
sangre de amapolas. Cerrajas.

Miedos disipados
por manos cálidas. Trabajadas, blancas.
Sueños felices…
Dulce nana, mecida
por la abuelita, cantada.

El sol salía por Huertas,
el ocaso, en las eras cercanas.
Ahora en otra tierra.
Entre el azahar y la mar salada.

Portal de casa

…Norte, 23.

Dos puertas,
de madera seca,
nunca barnizadas,
dan paso al portal cuadrado,
a la casa.

Mesa redonda, con enagüillas y hule…
y la maceta de albahaca.

Gran sillón paternal,
símbolo, figura trabajada.

Sobre él, un espejo grande inclinado.
Reflejos turbios…
de pequeñas miradas. Elevadas.

Sobre la mesa una bombilla,
amarillenta… mortecina y apagada
de veinticinco bujías.
En el techo. Colgada.

Alacena

Hueco sobre pared gruesa,
de tierra roja. Encalada.

Dos recias puertas la cierran,
de madera seca. Gastada.

Dentro, tres anaqueles
cubiertos de tela blanca.

Puntillas de hilo y ganchillo.
Cuelgan las cenefas. Caladas.

Platos hondos y llanos…
de loza blanca. Desconchada.

Los vasos de vidrio fino,
y una jarra.

La fuente de barro rojo,
de amarillo y verde. Vidriada.

Abajo…
cebollas, ajos, aceite y patatas.

Postal

a María

Vestido blanco,
de jabón y sol,
sobre piel morena.

Pelo negro,
raya en medio,
trenzas pequeñas. Coquetas.
Lacitos rojos,
las sujetan.

Negros ojos.
Grandes aceitunas
maduras, negras.

Hoyitos en las mejillas.
Sonrisa tierna,
buena.

Sentada en la serviguera,
roja y gastada…
de piedra azucareña.

> *Pan con aceite*
> *en una mano.*
> *En la otra,*
> *una jícara de chocolate…*

de la dulce virgen
morena.

Mi patio…

"Riega el patio niño…"

Pequeño, empedrado.
Lo cubre…
un cuadrado de parra.

Medio pozo,
en un rincón.
Seco. Sin agua.

Geranios, helechos, jazmines…
la dama de noche,
de olor lo inunda todo, embriaga.

Arriates frescos,
cobijo del gato negro,
vergel de la casa.

Mar y Tierra. Miradas

…miro mi sombra,
entre olas y espuma,
dentro del mar…
alargada.

Olorosa casa de pajarillos
Vida de lagartijas,
de abejas…

Naturaleza

Lección de Albano,
Gracias

La naturaleza
no tiene problemas.
A los ataques del hombre,
responde, se adapta.

Si desaparecen las abejas,
las flores y las plantas.
Si los arboles se queman,
si la tierra se hace árida…

¡No es su problema!
Sin tiempo, sin prisas, avanza.
Sobreviven secarrales… cucarachas y ratas,
en aire, aguas y tierras contaminadas.

Para la belleza y la vida…
no queda espacio.
Solo egoísmo, derroche, ignorancia.
Oscura humanidad. Incierta noche.

Amarga.

Retama

Por el "camino colorao"

Grandiosos ramos amarillos,
en las lindes y junto a veredas.
Llenos de nudos mágicos.
Escobones que mañana
barrerán las aceras.

Olorosa casa de pajarillos,
vida de lagartijas y abejas…

Alegría del campo…
eran otros tiempos.
Otra vida. Más naturaleza.

Ahora pasas fugaz.
Entre ruidos, humo, coches…
sucia, en carreteras.

Lluvia

Del río padre, del mar,
el sol la eleva.
Vuela.

Después, nube blanca…
gris plomo.
Necesidad, anhelo… espera.

Gota a gota… la tierra enfría.
Llena el pozo. Anda el reguero.
Calma la sequía.

Energía que fecunda la tierra.
Preñada de sol,
se hace trigo, aceituna… sierra.

Vida y trabajo para el jornalero.
Pan y libros,
fueron esfuerzo.

Agua y sol. Primero.

Arroyo

De la sierra madre baja:
morena, verde, dulce, agria.

Antes de empapar la tierra,
de dar vida
al cantarín arroyo,
de esconderse entre las zarzas.

Fue nube alta, niebla baja,
hielo, negra escarcha…
gotas en cortina.
Sin color. Agua.

Alegra por donde pasa,
lirio, junco, romero en flor…
Espejitos de luz entre adelfas,
que al jilguero espanta.

Más abajo, mimbres.
Silencio.
Descansa en lecho
de chinas blancas.

Ahora calma la sed,
a sorbos lentos.
Entre las manos acunada.

El río padre espera.
Embarrado, como agua fatigada.
El arroyo entra en él… no muere,
lo endulza, lo aclara.

Niebla

Caminata a la "Centenera"
Marzo 2014

Miles de gotitas blancas,
en lienzo, enlazadas.

Recorta siluetas.
Bella la encina,
lóbrega, mojada.

La copa del pino, siniestra,
redonda, su luz agranda.

Tapa fondos,
montes y cañadas.

Inquietos valles.
Luz húmeda, difusa…
cara mojada.

Pasos inciertos, lince ciego…
Más allá acotado…
abismo. Nada.

Viento

Mece las olas,
al ciprés pausado mueve.
Azota la encina
en el ventisquero.

A las nubes,
llenas de agua y sol,
redondas, sopladas…
pastorea por el cielo.

Refresca, acaricia.
Rompe en verano.
En invierno, bajo el olivo…
corta, de frío inhumano.

Brisa. Suspiro susurrado.
Energía.
Flauta mágica,
en otras manos.

Atardecer de agosto

"El Secanet". Algimia

Ocaso de colores,
el sol está pintando.
En el pentagrama eléctrico…
jolgorio de gorriones.

Golondrinas y vencejos
zurcen el aire con rápidas puntadas.
En los nidos… insaciables picos
abiertos, reclaman.

El reino de la luz, del fuego,
muy poco a poco se apaga.

Antes, colores degrada:
de rojos a cárdenos…
anaranjados, amarillos,
grises y malvas.

Penumbra, oscuridad…
Encanto. Noche cerrada.

Con graznidos lúgubres, la lechuza,
empieza la jornada.

Puntitos de luz
en lienzo oscuro.
Aullidos. Brisa.
Luna blanca.

Noche

Medio sol en el horizonte,
amarillos anaranjados
despiden la tarde soleada.

El resplandor se apaga.
El azul cobalto al día gana,
huyen las sombras.

Acero pavonado…
en la cúpula.
Arriba, agujero blanco de luna.

Guiños de puntitos brillantes.
Figuras míticas.
Caminos de leche… Enigmas.

El grillo empieza,
la chicharra acaba.
Brisa fresca. Descanso. Calma.

Alba

El filo acerado
tras las montañas,
abre en canal
la noche agotada.

Aleteos, trinos, murmullos de alba.
Sobre la hierba, rocío.
El panadero vuelve del horno.
El jornalero, agua fresca en la cara.

El puente

Las golondrinas
cosen el puente.
Salen, entran.
Con grandes puntadas lo tejen.

Gritos, silbidos, quejas…
alguna se ha pinchado.
Vuelo rasante al río,
lleva sangre en el pico.

En el nido…
impaciente espera.
Hambre.

La mar

Luna sobre la mar,
camino de luz,
del horizonte
a la playa.

Cadencia de olas
y espuma blanca.
Húmedas caricias,
en la arena dorada.

Orilladas,
giran las caracolas
con el mar dentro.
Cantan.

Ruedan cuerpos tostados,
entre sal, arena y algas.
Entre cantos de caracolas,
jadeos, ritmo de olas… y palabras

Latir de corazones,
pasión agitada…
brisa suave, mar rizada.
Calma.

Quietud en la noche blanca.

Horizonte

Una raya
los separa…
cielo y agua salada.

El azul del cielo
dentro del mar.

El cielo… agua elevada,
azulada.

Pies mojados en la playa,
el sol…
en la desnuda espalda.

Miro mi sombra,
entre olas y espuma,
dentro del mar,
alargada.

Espejos. Turbios, rotos, negros

Vaivenes, dudas…
Atrapados en frágiles telarañas…

¿Pequeño o grande?

Grande o pequeño.
Depende.

Un gran amor, antes fue
unos ojos, un destello…
inmedible sentimiento.

La rosa roja,
antes de un suspiro
de ojos chispeantes
de labios húmedos…
fue tierra, sol, agua y viento.

Dudas

> *Hay que continuar,*
> *no puedo continuar,*
> *pues continuaré.*
> **Samuel Beckett**

Quiero ir,
quieto.

Voy,
no muevo

Ni voy, ni quedo.
De dudas… muero.

Pasado

Cruce de caminos,
recuerdos andados.

Tiempo añorado, o perdido…
fue mañana incierto, inesperado.

Si se vivió, entonces
presente y vida.

Si no… nada,
ni pasado.

Sólo,
ecos, voces.

Pereza

No quiero hacer…
no puedo.

No sé qué quiero…
no siento.

No me gusta…
¡no entiendo!

Hacer, sentir, gustar,
entender, querer…
de dentro a fuera,
delante del espejo.

Odio

> *Ponte en paz con tu pasado,*
> *así no arruinarás tu presente,*
> **Anónimo**

Su sitio es fuera,
no dentro.

Se justifica
sólo un momento.

Irracional.
Antítesis del amor.

Magma corrosivo.
Fuego fatuo
en las entrañas.

Niebla espesa.
Noche y sequía,
de otros sentimientos.

Insomnio

El beso no cierra la puerta
a un agitado día…
no abre los sueños
a la noche, a la calma.

Un clavo oxidado
rasga la piel sin sangre.
Araña el alma.

Vaivenes, dudas…
atrapado,
en frágiles telarañas.

Presente sólo

Ya es pasado
lo que escribo.

Para posteridad,
no digo.

Sólo el chispazo
del presente.
El pensamiento
recurrente. Fijo.

Al filo…
entre ayer y mañana.

Vivo.

Sonoros proyectos

Ahora padre de padres,
orgullo de hijos siento.

Nombres

"La escritura poética
es borrar lo escrito.
Escribir sobre lo escrito.
Lo no escrito".
Octavio Paz

Fueron primero…

deseos encerrados,
en bolsas de recuerdos,
de sentimientos.

Sonoros proyectos.
Después… personas,
de alma y hueso.

Día a día,
hacen grande su nombre.
Le ponen sonrisa y rostro.

Lo llevan dentro.

Sombras

A M. José

La niña llora,
por sus sombras asustada.

El Sol de cara,
deforma su figura… alargada.
Corre tras ella, pegada.

Corre y llora.
Inocente mala sombra
la sigue.
Corre tras ella.
No para.

¡Ven a la sombra niña!
Hablaremos,
secaré tus lágrimas,
quitaré tus miedos…

Las sombras se irán
con el sol.
Asombradas.

…"mi bichillo"…

"salute"… Noelia

Faltan palabras y versos
que describan su gracia,
su belleza… sus gestos.

Mestizaje de amor,
mare nostrum por medio.

Lo mejor de dos personas.
Aura de amor y magia…
dos penínsulas lleva dentro.

Risas, canciones y juegos.
Vida y educación… proyectos.
¡Campanas, altos vuelos!

Palabras, encuentros

A Elvira y Sergio

Primero palabras, encuentros.
Planes, desconcierto.

Incierta magia, semillitas germinadas.
Grande el amor, grande el deseo.
Fruto dorado. Luego.

Libertad y ternura: juntos.
Pequeño *big-bang*…
Milagro de vida.

Cálido, bello.

A la luz, alumbradas…

A mis nietas, las mellizas…

La luna llena despierta.
El sol en ocaso, acaba.

Luna grande de julio,
magia de madre, encarnada…
del padre, delicadeza sembrada.

Juntos.

Sobre azulado cielo ponen:
dos estrellitas inquietas. Blancas.
Dadas a la luz… alumbradas.

Embobado las miro.
Feliz.
Llueven dos lágrimas.

Dos almas…

Valeria y Carolina

Dos tesoros,
dos pequeñas almas.
Valores seguros.
En alza.

Dos auras…
poesía viva.
Dos metáforas.

Juntas…
sol y luna.
Auroras y albas.

Valor de vida,
inalterable.
Fin y causa.

Pau y acierto…

…a mi hijo

Flujo de sangre…
Vivo, eterno.

Firme cariño lejano
al niño inquieto.

Ahora, padre de padre…
orgullo de hijo siento.

Coherente, honesto y sereno.
Amor y respeto… mutuo, sincero.

Inversión de libertad,
de educación… su proyecto.

De los errores aprendimos,
hicimos bondad. Pau y acierto.

Joven hombre.
Íntegro. Bueno.

Los ojos de Martina

A Martina…

Ojos inquietos…
ávidos de vida.
Belleza celeste. Alba.

Chispeantes
cuando ríen.

En la tristeza…
gotitas de lluvia clara.

Cierro mis ojos,
y guardo los tuyos…
la mariposa, la flor,
el fuego, el agua…

Y tu sonrisa blanca.

En la ventana…

…asomado a la tarde
veo…

En la ventana…

…el jazmín del "Secanet",
atardece, cantan los gallos…

Lejos, montañas romas,
secas de sol,
requemadas.

Asomado a la tarde,
veo…
el patio verde.

Montaña de jazmín,
la nube blanca refresca,
crece.

Los ocres calcinados tapa,
embriaga la noche,
adormece.

Poesía

Retrato de un instante.
Blanco sobre negro,
negro sobre blanco…

Dudas.
Sentimientos estrujados.
Palabras de colores.

Juego de espejos,
reflejos, contrastes…
estado de ánimo, destellos.

Ganas de comunicar belleza.
Arte.

"Delante del espejo" pensamientos...

Decir...

    Decir con la mirada,
    ingenua, tierna...
    sensual, blanca.

Mirar...

    Miro al espejo.
    Veo... poco pelo
    y barba blanca.
    Ojos negros.
    Mirada profunda,
    triste, lejana...

Cansados...

    Ojos cansados de ver,
    de esperar luz
    en horizonte incierto.

Manos...

    Juntos. Cara a cara.
    Cuatro manos enlazadas,
    entre ellas...
    un ramito de albahaca.

Ojos…

    Miradas cruzadas.
    Dos intensos segundos…
    todo dicho. Sin palabras.

Perdóname…

    No digas nada…
    Lo siento, perdóname.
    ¡Menuda gracia!

Aceite…

    Gotitas de oro verde,
    sobre pan tostado.
    Tierra, sol…
    y ¡trabajo mal pagado!
    Barro y agua,
    sudor humillado.

Nana…

    Manos que acarician sueños,
    que arropan, que tapan.
    Voz dulce de madre, nana.
    Cuenta cuentos, canta…
    Voz y manos cálidas.
    Expulsan miedos, relajan.

"Cascaflote"[1]

Poco *marketing*
en este nombre…

Humilde, popular, sobrio.
Sustento sano, sabio,
de campesinos, de pobres…

Hoy de moda:
"comida mediterránea"…
entre "progres".

---

[1] Nombre que se da en Marmolejo a una comida popular de verano. Es una sopa fría de tomates maduros, aceite, ajo, miga de pan, sal, vinagre y agua. Todo triturado y fresco (así lo hacía mi madre). Parecido al salmorejo.

Juego

Croac, croac, croac…
canta la rana.

Guau, guau, guau…
ladra el perrito.

Y el señorito…
todo exquisito…

¡da un saltito!

www.ingramcontent.com/pod-product-compliance
Lightning Source LLC
Chambersburg PA
CBHW061957070426
42450CB00011BA/3126